KB215891

神创造人是为了让人与神交通,
并享受幸福的生活。

神就照着自己的形象造人,乃是照着他的形象造男造女。(创 1:27)

但是人因为不顺从神而犯罪, 远离了神。

结果=不安+恐惧/死亡

因为世人都犯了罪, 亏缺了神的荣耀。(罗 3:23)

因为罪的工价乃是死… (罗 6:23)

神怜悯人的软弱, 差遣耶稣基督来到世界,
做多人的赎价。

… 因为神就是爱(约 4:8)

因为人子来, 并不是要受人的服事, 乃是要服事人,
并且要舍命, 作多人的赎价。 (可 10:45)

耶稣为了赎我们所有罪的工价,
被钉死在十字架上, 第三天复活。
并愿意赐与我们两件礼物。

礼物=平安/永生

我留下平安给你们; 我将我的平安赐给你们, 我所赐的,
不象世人所赐的; 你们心里不要忧愁, 也不要胆怯。 (约 14:27)

…我来了, 是要叫羊(或作:"人")得生命, 并且得的更丰盛。 (约 10:10)

你想得到这真平安和永生吗？

神恳切希望你现在迎接耶稣,
得到这真平安和永生。

神爱世人, 甚至将他的独生子赐给他们,
叫一切信他的, 不至灭亡, 反得永生。(约 3:16)

凡接待他的, 就是信他名的人, 他就赐他们权柄, 作神的儿女。(约 1:12)

耶稣正在叩你的心门。
现在你该做出选择了。
你愿意在不安和恐惧中度过一生, 并遭受永远的痛苦呢?
还是愿意接受耶稣为救主, 享受真平安和永生呢?

你愿意迎接耶稣吗?

看哪! 我站在门外叩门, 若有听见我声音就开门的, 我要进到他那里去,
我与他, 他与我一同坐席。 (启 3:20)

你做了非常重要的决定。

现在, 请你与我一起作这样的祷告:

父神, 我承认我是一个罪人。
我愿意悔改, 请你赦免我的罪。
我相信耶稣为了我的罪被钉死在十字架上, 并且复活。
现在请你进入我里面,
成为我的救主, 掌管我的一生。
奉耶稣基督的名求。

阿门。

现在你已经迎接耶稣, 成为了神的儿女。

请到附近的教会聆听神的话语, 向神献上祷告,
过与神同行的幸福生活。